まちごとアジア

Bangladesh 004 Sundarbans

シュンドルボン

美しき「マングローブ」地帯へ

সুন্দরবন

Asia City Guide Production

【白地図】バングラデシュ

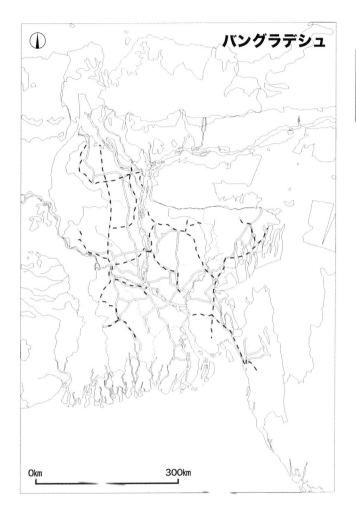

【白地図】クルナ管区南部

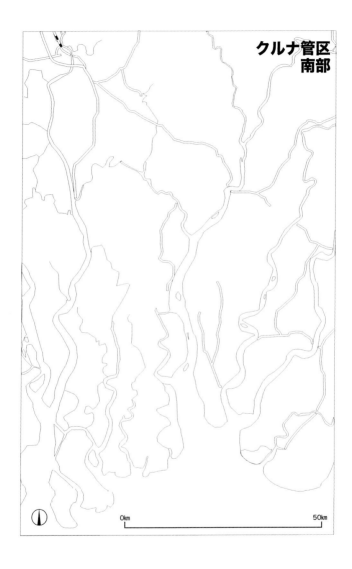

【白地図】モングラ

【白地図】モングラ中心部

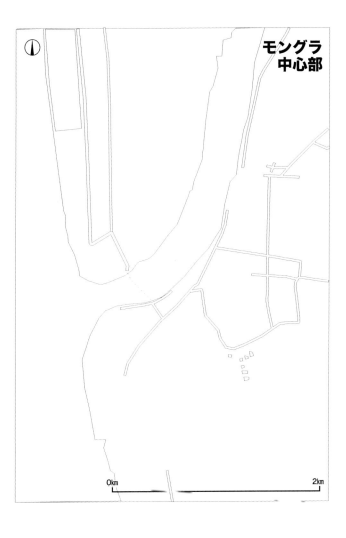

【白地図】シュンドルボンとスンダルバンス

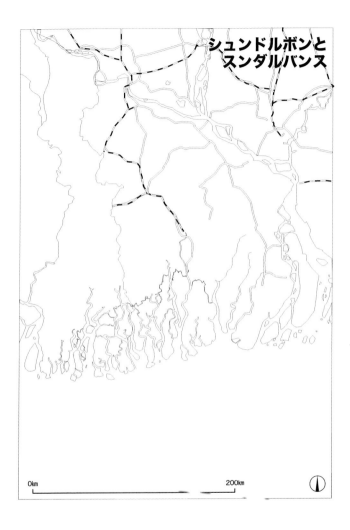

【まちごとアジア】
バングラデシュ 001 はじめてのバングラデシュ
バングラデシュ 002 ダッカ
バングラデシュ 003 バゲルハット（クルナ）
バングラデシュ 004 シュンドルボン
バングラデシュ 005 プティア
バングラデシュ 006 モハスタン（ボグラ）
バングラデシュ 007 パハルプール

　シュンドルボンはガンジスデルタ先端部のマングローブが茂る湿地帯。ベンガル湾に注ぐ河川と海が交わるこの一帯では、小さな河川が曲線を描き、無数の河筋が走る美しい景観をつくっている。

　シュンドルボンという名前は、ベンガル語で「美しい森」を意味し、バングラデシュ南西部から国境を越えてインド西ベンガル州へと続いていく。東西250km、南北40〜80kmにおよぶシュンドルボンの総面積は5770平方kmにもなり、その6割程度がバングラデシュに属している。

সুন্দরবন Sundarbans
シュンドルボン

　シュンドルボンではベンガル・トラやガンジス・カワイルカ、スポテッド・ディアと呼ばれる鹿、クロコダイルや猿、多くの鳥類のほか、絶滅危惧種をはじめとする希少動物が生息している。マングローブの伐採が世界的に進むなかで、シュンドルボンの自然はバングラデシュ政府によって保護され、1997年には世界自然遺産にも登録された。

【まちごとアジア】
バングラデシュ 004 シュンドルボン（モングラ）

目次

シュンドルボン（モングラ） ……………………………………xii

海と川と大地の交わり ……………………………………xviii

モングラ城市案内 ……………………………………xxxi

希少動物に出逢う……………………………………xxxix

ベンガル湾と地形の複雑 ……………………………xlvii

【MEMO】

【地図】バングラデシュ

海と川と
大地の
交わり

ASIA
バングラ

ベンガル湾へと続くバングラデシュ河口部
そこには海水に根をつけるマングローブが茂り
動物たちの楽園となっている

世界最大のマングローブ地帯

ベンガル湾近くに位置するシュンドルボンでは、海水と淡水がまじわりあって「海の森」ことマングローブが豊かに茂っている。マングローブとは根元が海水にひたっている森をさし、南アジア、東南アジア、日本（沖縄と鹿児島）などの熱帯性の海岸地帯に見られる。この森を構成する30～80種類の植物は光沢ある葉をもち、それらの植物の落葉や上流から運ばれてくる堆積土が豊かな自然を育んでいる。国境を越えて総面積5770平方kmに広がるシュンドルボンは世界最大規模のマングローブの森となっている。

Sundarbans 海と川と大地の交わり

最後まで残されたフロンティア

13世紀以来、イスラム王朝のもと開拓が進んだベンガル地方のなかでもシュンドルボンは近代まで未開発地域として知られていた（13世紀末ごろからイスラム勢力がバングラデシュ南端にも浸透しはじめ、15世紀には武将ハーン・ジャハン・アリが森を切り開いて、バゲルハットのモスク都市を築いている）。16世紀にムガル帝国がベンガル地方を統治するようになったあとも、17世紀初頭までシュンドルボンからジェソールにいたるベンガル湾沿いには地方領主プロタパディットが独自の王国をきずいていたという。このシュンド

▲左　米と魚とカレー、器用に手で食べる。　▲右　漁をする人々、小船で漕ぎ出す

ルボンが開発されていくのはイギリス統治下の19世紀のことで、やがて森の開発が進み、現在のシュンドルボンにあたる国土の西南側に自然が残ることになった。

動物の宝庫

シュンドルボンの豊かな熱帯の自然には哺乳類、魚類、鳥類、爬虫類など豊富な動物が生息している。代表的なものでは、ベンガル・トラ、ガンジス・カワイルカ、アジア・スイギュウ、アジア・ヒレアシ、ワニ、カワウソ、猿、イノシシ、ニシキヘビ、鹿などがあげられ、ガンジス・カワイルカや海鳥

【MEMO】

ASIA
バングラ

などは淡水と海水を行き来している。またマングローブ一帯には豊富なプランクトン、昆虫、エビの稚魚が集まり、陸地では見られない多様な生態系が残っている。

シュンドルボンとスンダルバンス

バングラデシュとインドの西ベンガル州にまたがって広がるシュンドルボン。これらの地域では同じベンガル語が話されていて、シュンドルボンとは「美しい森」を意味する。一方で北インドで多くの話者をもつヒンディー語では、スンダルバンスと発音されることから、シュンドルボンとスンダルバ

▲左　動物と人間がともに生きる、シュンドルボンが描かれた1枚。　▲右　海と川と陸の交わり

ンスというふたつの表記を見ることができる。この生命を育む森は、古くから聖域とも考えられてきた。ヒンドゥー教徒はこの森に棲む神を「南の王（ドッキンライ）」「王妃（ライモニ）」、イスラム教徒は「森の女神（ボノビビ）」と呼んで信仰しているという。

【地図】クルナ管区南部

【地図】クルナ管区南部の [★★★]
- [ ] シュンドルボン Sundarbans

【地図】クルナ管区南部の [★★☆]
- [ ] モングラ Mongla

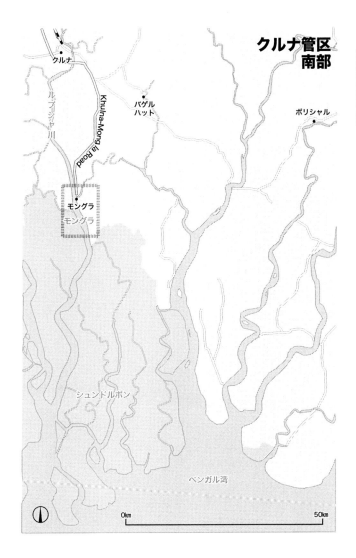

【MEMO】

ASIA
バングラ

【MEMO】

【MEMO】

ASIA
バングラ

【MEMO】

Guide, Mongla
モングラ 城市案内

シュンドルボンへの足がかりとなるモングラ
ここはクルナの外港にあたり
バングラデシュ有数の漁港という顔をもつ

モングラ Mongla ［★★☆］

ベンガル湾に注ぐルプシャ川へモングラ川が合流する場所に開けた港町モングラ。クルナから50km南に位置し、小さな漁村のようなたたずまいをしているが、チッタゴンにつぐバングラデシュ第2の港の機能をもつ。モングラはシュンドルボンへの足がかりにもなり、街角にはエビや海産物がならぶ。川を横断するフェリーが頻繁に行き交い、ここでは水辺に根ざした人々の生活が見られる。

【地図】モングラ

【地図】モングラの [★★★]
- [ ] シュンドルボン Sundarbans

【地図】モングラの [★★☆]
- [ ] モングラ Mongla

モングラ

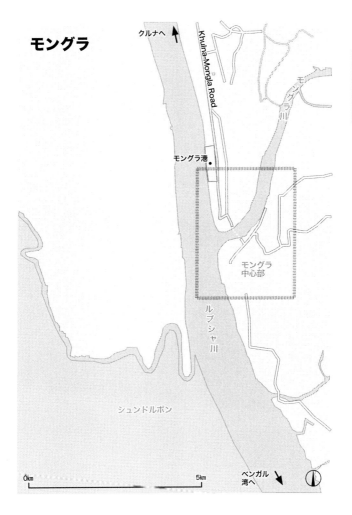

【地図】モングラ中心部の [★★☆]
- [ ] モングラ Mongla

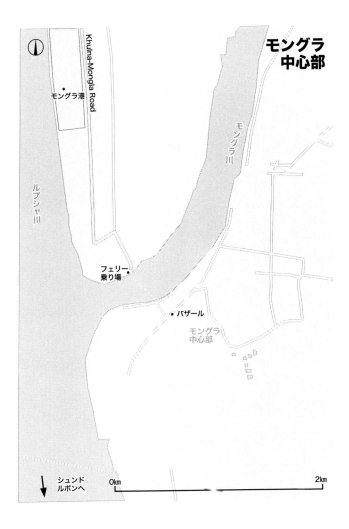

ASIA
バングラ

▲左 モングラでは漁業や農業、港湾関係の仕事につく人が多い。　▲右 人なつっこいベンガル人

モングラで見られる産業

モングラでは、漁船に乗って河口へ繰り出す漁師やルプシャ川の恵みで養殖を行なう人々の姿がある。豊かなマングローブの湿地帯は、稚エビの成長の場として知られ、モングラで獲られたエビは日本をはじめとする各地へ輸出されている。日本人は世界的にエビを好む国民として知られ、バングラデシュのほかには東南アジアからも大量のエビが日本に輸入されている。

【MEMO】

希少動物に出逢う

シュンドルボンの森にはさまざまな動物が生息している
ベンガル・トラはその代表格で
今でも村人が襲われることはめずらしくないという

ベンガル・トラ

熱帯雨林に生息するベンガル・トラ。東南アジアや中国などにかけて分布するトラの仲間のなかでも最大の個体数をもち、インド・トラとも呼ばれる。体長は1.4～2.8m、体重180～240kg、体毛が1～2cmと短いことが特徴で、尿や爪あとを木に残すことで、自分のなわばりを知らせる。シュンドルボンでは、木にのぼったり、たくみに川を泳いだりしながら、鹿やイノシシなどの獲物を捕獲する（獲物をとらえるとその場で食する）。

バングラ

人喰いトラの話

シュンドルボンでは、はちみつを採りに森に入った村人がトラに襲われて生命を落とすという事件が毎年、報告されている。もともとベンガル・トラは人間を食べるという習慣はなく、人間との接触をできるだけ避けるが、獲物の減少で餓えたり、老いたトラなどが人間を殺すことがある（人喰いは習慣化するとも言われ、メスが人間を喰うとその子も人喰いトラになるという）。バングラデシュでは50人以上もの人がトラに襲われて犠牲になるが、象に殺されたり、毒蛇にかまれて死ぬ人にくらべると少ない。

▲左　どこまでが陸でどこまでが川なのか地形は常に変化していく。　▲右　コルカタ動物園で見たベンガル・トラ

トラは絶滅危惧種

ライオンとならぶ地上で最大のネコ科動物トラ。ライオンがアフリカ中心に生息するのに対して、トラはインド、東南アジアにかけて生息する。中国やシベリアから化石が見つかっていることなどから、シベリアで生まれ、その後、南下したと考えられている。20世紀のはじめには世界で10万頭ものトラが生息していたが、現在は5000〜7200頭に減少しているという（もともとシベリア・トラやベンガル・トラをはじめ8つの亜種が生息していたが、現在ではそのうちの3つが絶滅してしまった）。1世紀ほどでトラの個体数が激減し

ASIA
バングラ

たのは、人間の人口が爆発的に増え、トラの生活圏をおびやかしたこと、毛皮や漢方などに利用するため、狩りの対象となっていたことなどがあげられる（インドやネパールのマハラジャは虎狩りをしていた）。現在、各国政府や国際機関による保護活動が進んでいる。

ガンジス・カワイルカ

インド、バングラデシュ、ネパール、ブータンなどのガンジス河水系に分布するガンジス・カワイルカ。インド・カワイルカとも言い、長江に生息するヨウスコウ・カワイルカとと

【MEMO】

ASIA
バングラ

もに貴重な淡水イルカとなっている。陸にあがった哺乳類のなかで、海に戻ったクジラの仲間のなかから、これらの種はガンジス河やインダス河といった淡水で生き延びた。にごった河の水に適応するため目は退化し、ソナーと呼ばれる反響定位でエサや障害物を感知する特徴をもつ。バングラデシュではスースーと呼ばれ、漁獲対象にはなっていないが、他の魚と一緒に網にひっかかることがあるという。

【MEMO】

ASIA
バングラ

ベンガル湾と地形の複雑

ガンジス河やブラマプトラ河の堆積土が育んだ大地
そこには小さな川や水路が網の目のように連なる
世界的にもめずらしい特異な国土

ガンジス・デルタの先端部

ブラマプトラ河とガンジス河が運ぶ堆積物で形成されたガンジス・デルタ。ここは東西400km、南北560kmにわたる世界最大のデルタ地帯で、バングラデシュの国土の多くがこのデルタ地帯にふくまれている（チッタゴン丘陵などの例外がある）。更新世からいくども流路を変えてきた河川によって育まれたシュンドルボンは、このガンジス・デルタのなかでももっとも先端（海に近い部分）に位置し、インドとの国境を越えて広がる。

ASIA
バングラ

▲左　愛嬌あるベンガル人、心温まる人柄。　▲右　豊かなマングローブ、世界遺産に登録されている

減少するマングローブ

かつてベンガル湾一帯がマングローブの森林に覆われていたが、東部海岸のマングローブは失われ、西部のシュンドルボンに自然がよく残っている（古くはベンガル湾からさかのぼって300kmぐらいまでマングローブ林が見られたという。またバゲルハットのモスク都市は、15世紀にこの森を切り開いてつくられた）。開発などで世界的にマングローブの減少が懸念されるなか、マングローブ林は高潮などサイクロンの被害をふせぐ役割があり、それらもふくめてその保護が重要になっている。

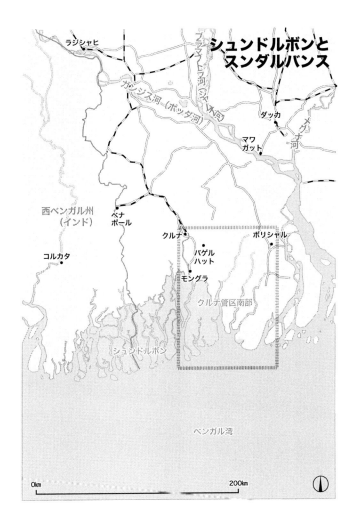

▲左 水辺に面した住居、これがバングラデシュ。 ▲右 船上で出会った人々、河川が街をつなぐ

表情を変えていく自然

シュンドルボンなどバングラデシュ南部の海と川がまじわる地域の水位は、潮の満ち引きによって上下するため、朝と夕方では表情を変えている。また雨季には水に浸かっているが、乾季になると陸地になるところや、モンスーンやサイクロンによる洪水で川が氾濫し、地形そのものが季節や時間によって変化するといったことが見られる。

【MEMO】

参考文献

『ユネスコ世界遺産⑤インド亜大陸』(ユネスコ世界遺産センター / 講談社)

『世界の地形』(貝塚爽平・梅津正倫 / 東京大学出版会)

『動物大百科1』(今泉吉典監修 / 平凡社)

『ベンガルトラ 危機にさらされる野生動物』(永戸豊野 / ニュートン)

『川に生きるイルカたち』(神谷敏郎 / 東京大学出版会)

『マングローブの沼地で』(鶴見良行 / 朝日新聞社)

『エビと日本人』(村井吉敬 / 岩波書店)

『世界大百科事典』(平凡社)

まちごとパブリッシングの旅行ガイド

Machigoto INDIA , Machigoto ASIA , Machigoto CHINA

【北インド - まちごとインド】

001 はじめての北インド
002 はじめてのデリー
003 オールド・デリー
004 ニュー・デリー
005 南デリー
012 アーグラ
013 ファテープル・シークリー
014 バラナシ
015 サールナート
022 カージュラホ
032 アムリトサル

【西インド - まちごとインド】

001 はじめてのラジャスタン
002 ジャイプル
003 ジョードプル
004 ジャイサルメール
005 ウダイプル
006 アジメール（プシュカル）
007 ビカネール
008 シェカワティ
011 はじめてのマハラシュトラ
012 ムンバイ
013 プネー
014 アウランガバード
015 エローラ
016 アジャンタ
021 はじめてのグジャラート
022 アーメダバード
023 ヴァドダラー（チャンパネール）
024 ブジ（カッチ地方）

【東インド - まちごとインド】

002 コルカタ
012 ブッダガヤ

【南インド - まちごとインド】

001 はじめてのタミルナードゥ
002 チェンナイ
003 カーンチプラム
004 マハーバリプラム
005 タンジャヴール
006 クンバコナムとカーヴェリー・デルタ
007 ティルチラパッリ
008 マドゥライ
009 ラーメシュワラム
010 カニャークマリ
021 はじめてのケーララ
022 ティルヴァナンタプラム
023 バックウォーター（コッラム〜アラップーザ）
024 コーチ（コーチン）
025 トリシュール

【ネパール - まちごとアジア】

001 はじめてのカトマンズ
002 カトマンズ
003 スワヤンブナート

004 パタン
005 バクタプル
006 ポカラ
007 ルンビニ
008 チトワン国立公園

【バングラデシュ - まちごとアジア】

001 はじめてのバングラデシュ
002 ダッカ
003 バゲルハット（クルナ）
004 シュンドルボン
005 プティア
006 モハスタン（ボグラ）
007 パハルプール

【パキスタン - まちごとアジア】

002 フンザ
003 ギルギット（KKH）
004 ラホール
005 ハラッパ
006 ムルタン

【イラン - まちごとアジア】

001 はじめてのイラン
002 テヘラン
003 イスファハン
004 シーラーズ
005 ペルセポリス
006 パサルガダエ（ナグシェ・ロスタム）
007 ヤズド
008 チョガ・ザンビル（アフヴァーズ）
009 タブリーズ
010 アルダビール

【北京 - まちごとチャイナ】

001 はじめての北京
002 故宮（天安門広場）
003 胡同と旧皇城
004 天壇と旧崇文区
005 瑠璃廠と旧宣武区
006 王府井と市街東部
007 北京動物園と市街西部
008 頤和園と西山
009 盧溝橋と周口店
010 万里の長城と明十三陵

【天津 - まちごとチャイナ】

001 はじめての天津
002 天津市街
003 浜海新区と市街南部
004 薊県と清東陵

【上海 - まちごとチャイナ】

001 はじめての上海
002 浦東新区
003 外灘と南京東路
004 淮海路と市街西部
005 虹口と市街北部
006 上海郊外（龍華・七宝・松江・嘉定）
007 水郷地帯（朱家角・周荘・同里・甪直）

【河北省 - まちごとチャイナ】

001 はじめての河北省
002 石家荘
003 秦皇島
004 承徳
005 張家口
006 保定
007 邯鄲

【江蘇省 - まちごとチャイナ】

001 はじめての江蘇省
002 はじめての蘇州
003 蘇州旧城
004 蘇州郊外と開発区
005 無錫
006 揚州
007 鎮江
008 はじめての南京
009 南京旧城
010 南京紫金山と下関
011 雨花台と南京郊外・開発区
012 徐州

【浙江省 - まちごとチャイナ】

001 はじめての浙江省
002 はじめての杭州
003 西湖と山林杭州
004 杭州旧城と開発区
005 紹興
006 はじめての寧波
007 寧波旧城
008 寧波郊外と開発区
009 普陀山
010 天台山
011 温州

【福建省 - まちごとチャイナ】

001 はじめての福建省
002 はじめての福州
003 福州旧城
004 福州郊外と開発区
005 武夷山
006 泉州
007 厦門
008 客家土楼

【広東省 - まちごとチャイナ】

001 はじめての広東省
002 はじめての広州
003 広州古城
004 天河と広州郊外
005 深圳(深セン)
006 東莞
007 開平(江門)
008 韶関
009 はじめての潮汕
010 潮州
011 汕頭

【遼寧省 - まちごとチャイナ】

001 はじめての遼寧省
002 はじめての大連
003 大連市街
004 旅順
005 金州新区

006 はじめての瀋陽
007 瀋陽故宮と旧市街
008 瀋陽駅と市街地
009 北陵と瀋陽郊外
010 撫順

【重慶 - まちごとチャイナ】

001 はじめての重慶
002 重慶市街
003 三峡下り（重慶〜宜昌）
004 大足

【香港 - まちごとチャイナ】

001 はじめての香港
002 中環と香港島北岸
003 上環と香港島南岸
004 尖沙咀と九龍市街
005 九龍城と九龍郊外
006 新界
007 ランタオ島と島嶼部

【マカオ - まちごとチャイナ】

001 はじめてのマカオ
002 セナド広場とマカオ中心部
003 媽閣廟とマカオ半島南部
004 東望洋山とマカオ半島北部
005 新口岸とタイパ・コロアン

【Juo-Mujin（電子書籍のみ）】

Juo-Mujin 香港縦横無尽
Juo-Mujin 北京縦横無尽
Juo-Mujin 上海縦横無尽

【自力旅游中国 Tabisuru CHINA】

001 バスに揺られて「自力で長城」
002 バスに揺られて「自力で石家荘」
003 バスに揺られて「自力で承徳」
004 船に揺られて「自力で普陀山」
005 バスに揺られて「自力で天台山」
006 バスに揺られて「自力で秦皇島」
007 バスに揺られて「自力で張家口」
008 バスに揺られて「自力で邯鄲」
009 バスに揺られて「自力で保定」
010 バスに揺られて「自力で清東陵」
011 バスに揺られて「自力で潮州」
012 バスに揺られて「自力で汕頭」
013 バスに揺られて「自力で温州」

【車輪はつばさ】
南インドのアイラヴァテシュワラ寺院には建築本体に車輪がついていて寺院に乗った神さまが人びとの想いを運ぶと言います。

・本書はオンデマンド印刷で作成されています。
・本書の内容に関するご意見、お問い合わせは、発行元の
　まちごとパブリッシング info@machigotopub.com までお願いします。

まちごとアジア
バングラデシュ004シュンドルボン
〜美しき「マングローブ地帯」へ [モノクロノートブック版]

2017年11月14日　発行

著　者	「アジア城市(まち)案内」制作委員会
発行者	赤松　耕次
発行所	まちごとパブリッシング株式会社
	〒181-0013　東京都三鷹市下連雀4-4-36
	URL http://www.machigotopub.com/
発売元	株式会社デジタルパブリッシングサービス
	〒162-0812　東京都新宿区西五軒町11-13
	清水ビル3F
印刷・製本	株式会社デジタルパブリッシングサービス
	URL http://www.d-pub.co.jp/

MP068

ISBN978-4-86143-202-6 C0326　　Printed in Japan
本書の無断複製複写(コピー)は、著作権法上での例外を除き、禁じられています。